PIANO
VOCAL
GUITAR

Antonio Carlos Jobim
ANTHOLOGY

ISBN 0-7935-1677-3

HAL•LEONARD™
CORPORATION
7777 W. BLUEMOUND RD. P.O. BOX 13819 MILWAUKEE, WI 53213

ÁGUA DE BEBER
(WATER TO DRINK)

Original Words by VINICIUS DE MORAES
English Words by NORMAN GIMBEL
Music by ANTONIO CARLOS JOBIM

MCA music publishing

Samba da Minha Terra

Dorival Caymmi

```
G6/9 A6/9 G6/9 A6/9 ...

A6/9           Em7           A7/-9 Dmaj7 Fdim
Samba da minha terra deixa a gente mole
          Em7         A7/-9 Dmaj7 Fdim           Em7         A7/-9 Dmaj7 D6
quando se canta todo mundo bole,      quando se canta todo mundo bole
                  F#dim                  Em9
Quem não gosta de samba bom sujeito não é
            Em7  A7/-9             Dmaj7 D6 Dmaj7 D6
É ruim da cabeça       ou doente do pé
               F#dim                E7/9
Eu nasci com o samba no samba me criei
               Em9   A6/-9              Dmaj7
e do danado do samba       nunca me separei
G6/9 A6/9 G6/9 A6/9
```

Samba da Minha Terra

Dorival Caymmi

```
G6/9 A6/9 G6/9 A6/9 ...
A6/9           Em7           A7/-9 Dmaj7 Fdim
Samba da minha terra deixa a gente mole
          Em7        A7/-9 Dmaj7 Fdim           Em7        A7/-9 Dmaj7 D6
quando se canta todo mundo bole,      quando se canta todo mundo bole
                  F#dim                 Em9
Quem não gosta de samba bom sujeito não é
            Em7  A7/-9              Dmaj7 D6 Dmaj7 D6
É ruim da cabeça       ou doente do pé
               F#dim                E7/9
Eu nasci com o samba no samba me criei
               Em9   A6/-9              Dmaj7
e do danado do samba       nunca me separei
G6/9 A6/9 G6/9 A6/9
```

Você e Eu

Carlos Lyra - Vinícius de Moraes

```
G#9/+5 G#6/9 G#9/+5 G#6/9 G#9/+5
G#6/9                 Gdim
Podem me chamar e me pedir e me rogar
        G#6/9                    G#m7             Bm6
e podem mesmo falar mal, Ficar de mal, que não faz mal,
Ebm7                      Ebm7/-5
Podem preparar milhões de festas ao luar
           Dbmaj7           C7              Ebm7          G#7/+5
Eu não vou ir, melhor nem pedir, eu não vou ir, não quero ir,
         G#6/9                         Gdim
E também podem me entregar e até sorrir e até chorar
        G#6/9                     G#m7        Bm6
E podem mesmo imaginar o que melhor lhes parecer
Ebm7                        Ebm7/-5
Podem espalhar que estou cansado de viver
            Dbmaj7    Bm6         Edim Bbm7 Bm6       Ebm7/Bb G#13/-9 G#6/9 ....
E que é uma pena para quem me conhecer, Eu   sou mais você      e     eu.
... Edim Bbm7 Bm6       Ebm7 G#13/-9 G#m6 F#7/+9 Gdim G#6/9 G#m6 ...
...       Eu   sou mais você   e     eu.
```

Em7
Em11
7fr
A13
4fr
I need your love or I will die.
The rain can fall up - on the sea.
Dmaj7
D6/9
4fr
C#9
C9#11
My ver - y life is
The rain can fall up -
Bm7
2fr
Bb13
5fr
D6/A
D7#9
C#7#9
3fr
in your pow - er. Will I
on the flow - er. Since the
C#7b9
F#7(sus4)
Bm7
2fr
with - er and fade or bloom to the sky?
rain has to fall let it fall on me.

B7
E7
Em6
no chord
Ág - ua de be - ber,
Give the flow - er wa -
Ág - ua de be - ber,
Ág - ua de be - ber
Bm7
B7
E7
2fr
no chord
- ter to drink.
Ág - ua de be - ber,
ca - ma - rá.
Ág - ua de be - ber,
Em6
1 Bm7
2fr
Give the flow - er wa -
ter to drink.
The rain can fall
Ág - ua de be - ber
2 Bm7
F♯m7♭5
Bm7
Bm/A
2fr
4fr
2fr
- ter to drink.
ca - ma - rá.

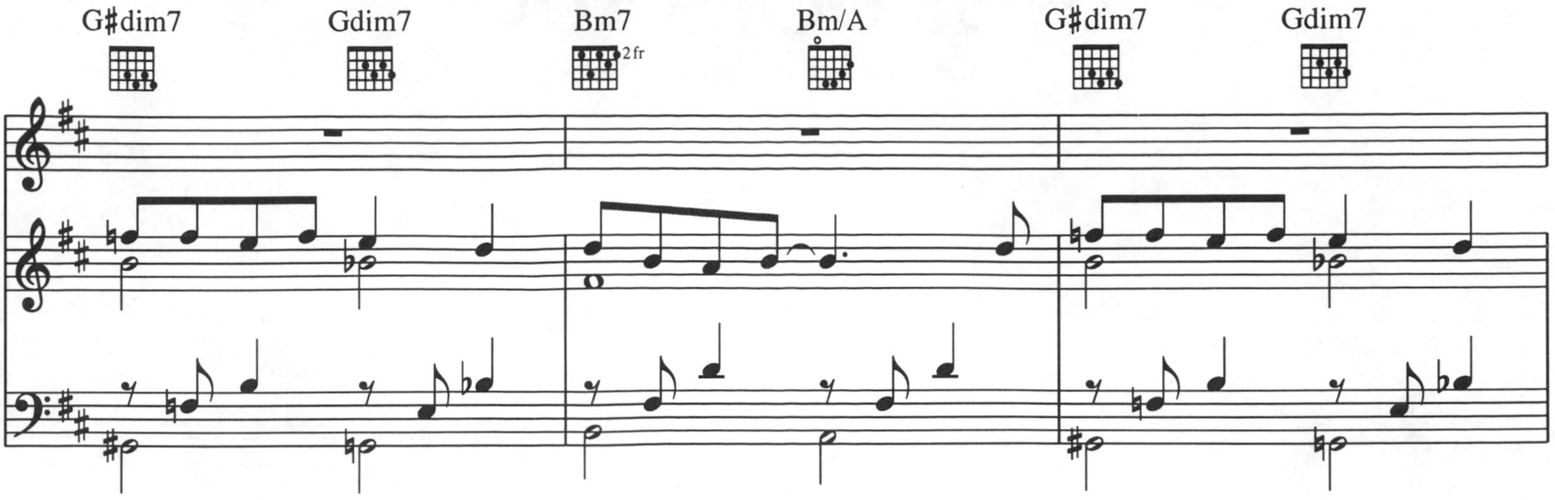

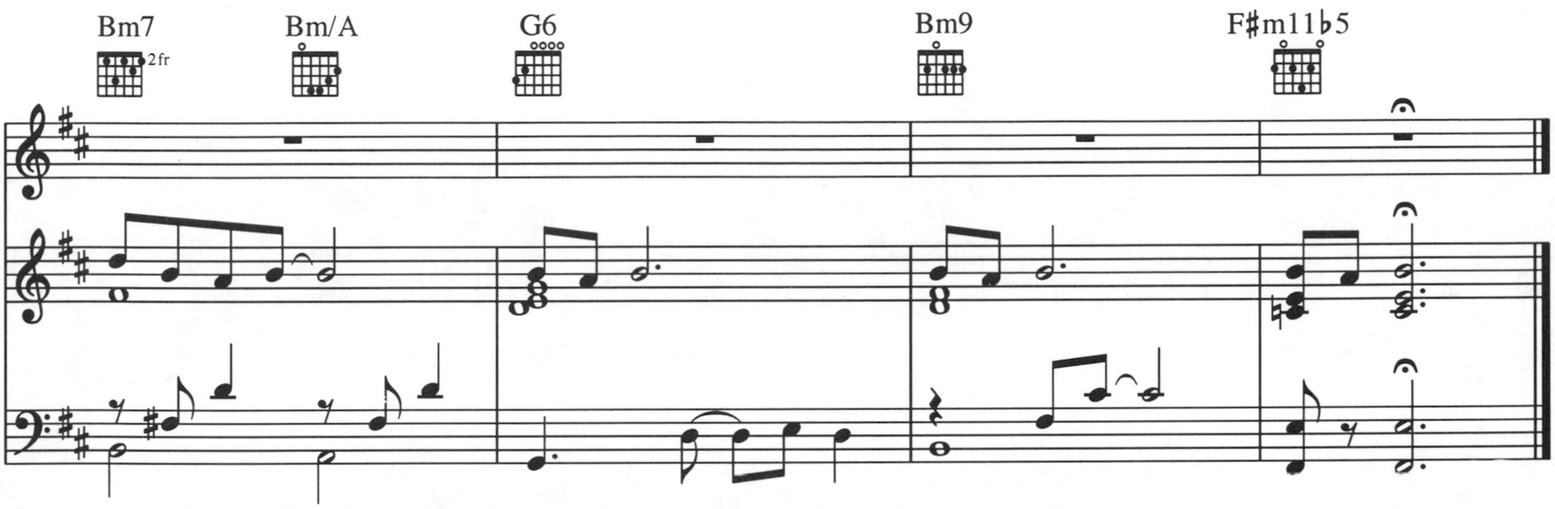

Portuguese Lyrics

Eu quis amar Mas tive medo
E quis salvar meu corração
Mas o amor sabe um segredo
O medo pode matar o seu coração

Água de beber
Água de beber camará
Água de beber
Água de beber camará

Eu nunca fiz coisa tão certa
Entrei pra escola do perdão
A minha casa vive aberta
Abre todas as portas do coração

Água de beber...

Eu sempre tive uma certeza
Que só me deu desilusão
É que o amor É uma tristeza
Muita mágoa demais para um coração

Água de beber...

ANOS DOURADOS
(LOOKS LIKE DECEMBER)

Words and Music by ANTONIO CARLOS JOBIM
and CHICO BUARQUE
English Lyrics by ANTONIO CARLOS JOBIM

Amaj7
F#m7
Bm7
E7♭9
Em7/A
graph here we're look - ing so hap - py.
cem - ber, a long gol - den lost year.
graph here, I love you for - ev - er.
mem - ber the long gol - den lost years.
To Coda
1,3
A7♭9
Dmaj7
D#m7♭5
G#7#5
I call you, I'm lo - co, and I con - fess my love to
It's like a bo - ler - o, Te
I call you and breath-less I leave all my con - fu - sion
I still sing te
C#m7
D#m7
G#13
G#7#5
C#m7
the ma - chine. How fun - ny if there is a
in the ma-chine. Oh, how dis - con - cert - ing it would be to

D♯m7♭5 G♯7♯5 C♯13 F♯7♯5(♭9) Bm7 E7
new love in the scene. I see you be -
see my love a - gain. I see you through
2 B/C♯ C♯7♭9 F♯m7 Dm6/F
quie - ro, Te quie - ro, To say that I
Amaj7 F♯m7 B13 B7♯5 D/E E7♭9 C♯13 F♯7♭9
long for your kiss - es nev - er - more. Tus
B13 B7♯5 D/E E7♭9 A6/9 E7
D.S. al Coda
(take 1st ending)
be - sos nun - ca mas.
Instrumental

Portuguese Lyrics

Parece que dizes Te amo Maria
Na forografia Estamos felizes
Te ligo afobada E deixo confissões No gravador
Vai ser engraçado Se tens um novo amor
Me vejo ao teu lado Te amo

Não lembro Parece dezembro
De um ano Dourado Parece bolero
Te quero Te quero
Dizer que não quero
Teus beijos nunca mais
Teus beijos nunca mais
Não sei se eu ainda
Te esqueço de fato

No nosso retrato
Pareço tão linda
Te ligo ofegante
E digo confusões no gravador
É desconcertante
Rever o grande amor
Meus olhos molhados insanos dezembros mas quando me lembro
São anos dourados
Ainda te quero Bolero, nossos versos são banais
Mas como eu espero
Tues beijos nunca mais
Tues beijos nunca mais

ÁGUAS DE MARÇO
(WATERS OF MARCH)

Words and Music by
ANTONIO CARLOS JOBIM

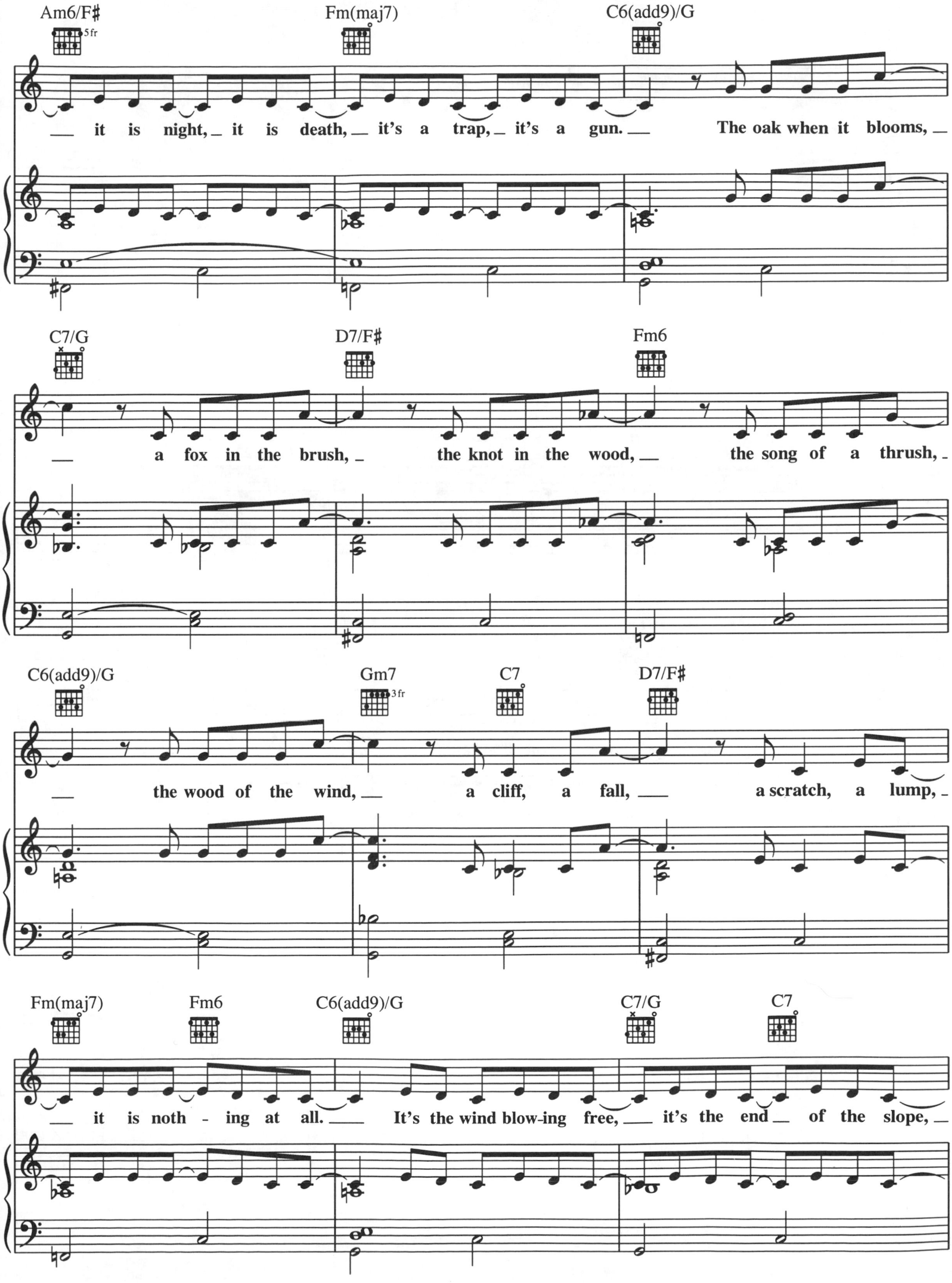
Am6/F♯
5fr
Fm(maj7)
C6(add9)/G
it is night, it is death, it's a trap, it's a gun. The oak when it blooms,
C7/G
D7/F♯
Fm6
a fox in the brush, the knot in the wood, the song of a thrush,
C6(add9)/G
Gm7
3fr
C7
D7/F♯
the wood of the wind, a cliff, a fall, a scratch, a lump,
Fm(maj7)
Fm6
C6(add9)/G
C7/G
C7
it is noth - ing at all. It's the wind blow-ing free, it's the end of the slope,

Am6/F#
Fm6
C6(add9)/G
__ it's a beam, it's a void, __ it's a hunch, _ it's a hope, __ And the riv - er - bank
C7/G
Am6/F#
Fm6
talks of the Wa-ters of March. _ It's the end of the strain, _ it's the joy __ in your heart. _
C6(add9)/G
C/B♭
Am6
__ The foot, the ground, the flesh and the bone, __ the beat of the road, _
Fm6/A♭
C6(add9)/G
C/B♭
__ a sling - shot stone, __ a fish, a flash, __ a sil - ver - y glow, _

D7/F♯
Fm6
C6(add9)/G
a fight, a bet, the range of a bow, the bed of the well,
C/B♭
Am6
5fr
Fm6/A♭
6fr
the end of the line, the dis-may in the face, it's a loss, it's a find.
C6(add9)/G
C/B♭
Am6
5fr
Fm6/A♭
6fr
A spear, a spike, a point, a nail, a drip, a drop, the end of the tale,
Cmaj7/G
Gm9/C
3fr
D13/F♯
4fr
a truck-load of bricks in the soft morn-ing light, the shot of a gun

B♭13/F
5fr
Cmaj7/G
C/B♭
— in the dead _ of the night. — A mile, _ a must, _ a thrust, — a bump, _
Am6
5fr
Fm6/A♭
6fr
C6(add9)/G
— it's a girl, it's a rhyme, _ it's a cold, _ it's the mumps. _ The plan of the house, _
Gm7
3fr
C9
D/C
Fm/C
— the bod - y in bed, — and the car that got stuck, _ it's the mud, _ it's the mud. _
C6/G
Gm7/C
C7
D7/C
— A float, a drift, a flight, a wing, a hawk, _ a quail,

Fm6(add9)/C
Cmaj7
C7/G
the prom-ise of spring, and the riv-er-bank talks of the wa-ters of March.
Am6/F♯
5 fr
Fm(maj7)
Fm6
C6
It's the prom-ise of life, it's the joy in your heart.
F♯/E
E♭/D♭
C/B♭
Am6
5 fr
Fm6/A♭
6 fr

Cmaj7/G
Gb7b5
Fmaj7
Fm6
C6
C/Bb
Am6
Fm6/Ab
5fr
6fr
Cmaj7/G
C/Bb
Am6
A snake, _ a stick, it is John, it is Joe, _ it's a thorn in your hand, _
Fm6/Ab
C6(add9)/G
C/Bb
Am6
_ and a cut _ on your toe. _ A point, a grain, a bee, a bite, _ a blink, _ a buz-zard,

Fm6/A♭ 6fr
C6(add9)/G
C/B♭
Am6 5fr
a sud-den stroke of night. A pin, a nee-dle, a sting, a pain, a snail, a
Fm6/A♭ 6fr
Cmaj7/G
Cm7 3fr
rid-dle, a wasp, a stain, a pass in the moun - tains, a horse and a mule,
D/C
Fm6/C 6fr
C
in the dis-tance the shelves rode three shad-ows of blue, and the riv - er-bank
Cm7 3fr
D/C
D♭/C
talks of the wa-ters of March. It's the prom-ise of life, in your heart, in your heart.

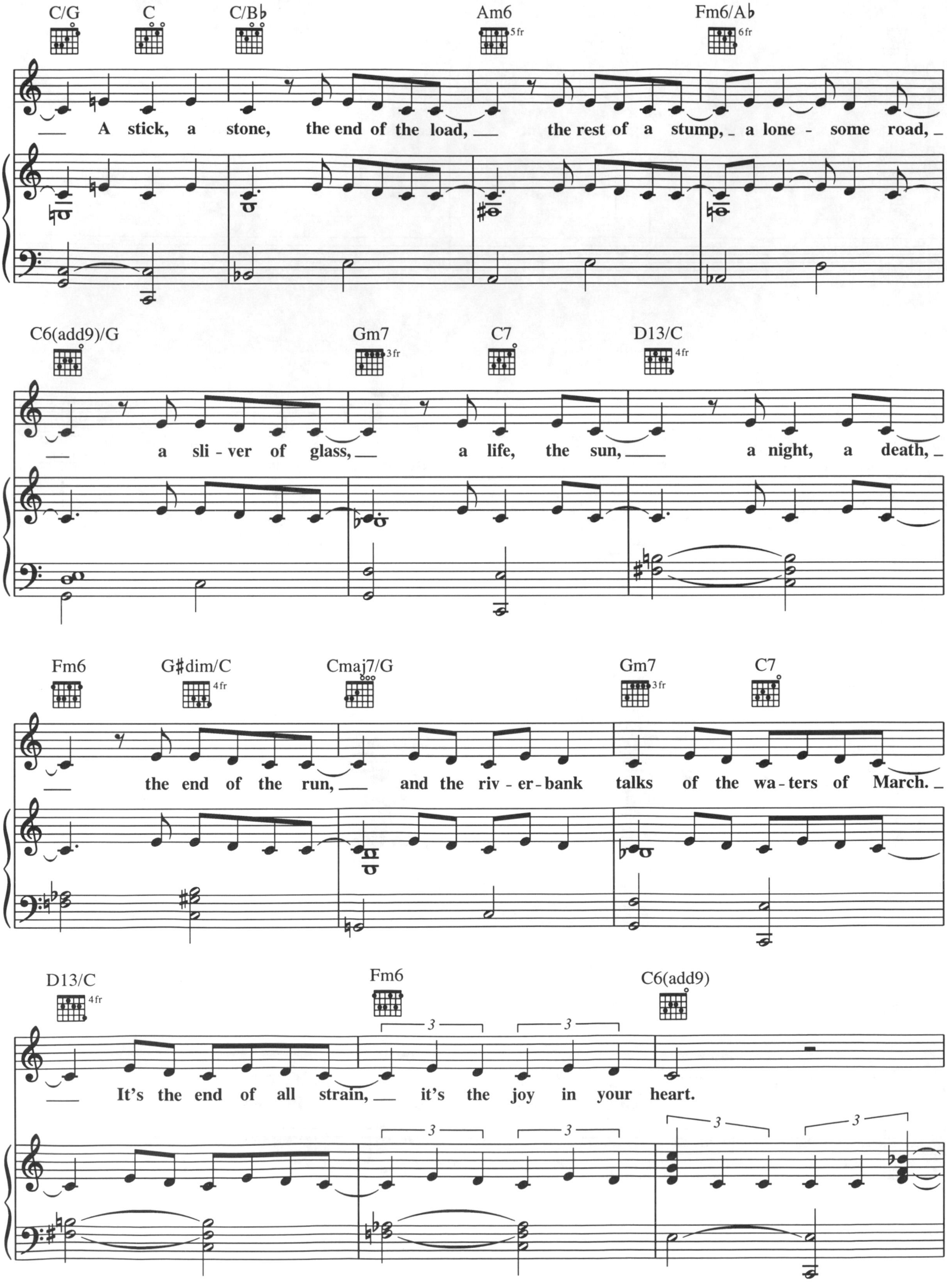
C/G
C
C/B♭
Am6
5fr
Fm6/A♭
6fr
A stick, a stone, the end of the load, the rest of a stump, a lone - some road,
C6(add9)/G
Gm7
3fr
C7
D13/C
4fr
a sli - ver of glass, a life, the sun, a night, a death,
Fm6
G♯dim/C
4fr
Cmaj7/G
Gm7
3fr
C7
the end of the run, and the riv - er - bank talks of the wa - ters of March.
D13/C
4fr
Fm6
C6(add9)
3
It's the end of all strain, it's the joy in your heart.

Gm7/C
D/C
Fm6
Cmaj7
Gm9
C7
D/C
Fm6
Cmaj7
Cm7/G
3fr
D/G
D♭/C
C
8va

Portuguese Lyrics

É pau, é pedra, é o fim do caminho
É um resto de toco, é um pouco sozinho
É um caco de vidro, é a vida, é o sol
É a noite, é a morte, é o laço é o anzol
É peroba do campo, é o nó na madeira
Caingá, candeia, é o matita - pereira

É madeira de vento, rombo da ribanceira
É o mistério profundo, é o queira ou não queira
É o vento ventando, é o fim da ladeira
É aviga, é o vão, festa da cumeeira
É a chuva chovendo, é conversa ribeira
Das águas de março, é o fim da canseira

É o pe, é o chão, é a marcha estradeira
Passarinho na mão, pedra de atiradeira
É uma ave no céu, uma ave no chão
É um regato, é uma fonte, é um pedaço de pão
É o fundo do poço, é o fim do caminho
No rosto o desgosto, é um pouco sozinho

É um estrepe, é um prego, é uma ponta, é um ponto
É um pingo pingando, é uma ronta, é um conto
É um peixe, é um gesto é uma prata brilhando
É a luz de manhã, é o tijolo chegando
É a lenha, é o dia, é o fim da picada,
É a garrafa de cana, o estilhaço na estrada

É o projeto da casa, é o corpo na cama
É o carro enguiçado, é a lama, é a lama
É um passo, é uma ponte, é um sapo, é uma rã
É um resto de mato na luz da manhã
São as aguas de março fechando o verão
É a promessa de vida no teu coração

É pau, é pedra, é o fim do caminho
É um resto de toco, é um pouco sozinho
É uma cobra, é um pau, é João, é José
É um espinho na mão, É um corte no pé
São as águas de março fechando o verão
É a promessa de vida no teu coração

É pau, é pedra, é o fim do caminho
É um resto de toco, é um pouco sozinho
É um passo, é uma ponte, é um sapo, é uma rã
É um belo itorizonte, é uma febre terçã
São as águas de março fechando o verão
É a promessa de vida no teu coração

É pau, é pedra é o fim do raminho
É um resto de toco, é um pouco sozinho
É um caco de vidro, é a vida, é o sol
É a noite, é a morte, é o laço, é o anzol
São as águas de março fechando o verão
É a promessa de vida no teu coração.

IF YOU NEVER COME TO ME
(INUTIL PAISAGEM)

Music by ANTONIO CARLOS JOBIM
Portuguese Lyrics by ALOYSIO DE OLIVEIRA
English Lyrics by RAY GILBERT

Moderately slow Bossa Nova

Fm7
Fm6
Fm(maj7)
Fm7
Fm6
E13
E7♯5
win - ter snows;
What's the use of the waves that will
A9
A7♭9
D13♯9
G7♯9
break in the cool of the eve - ning?
What is the
C13
F7♯9
eve - ning with - out you?
It's noth - ing.
D♭9♯11
Cmaj7
Bmaj7(add13)
B♭maj7♭5
It may be

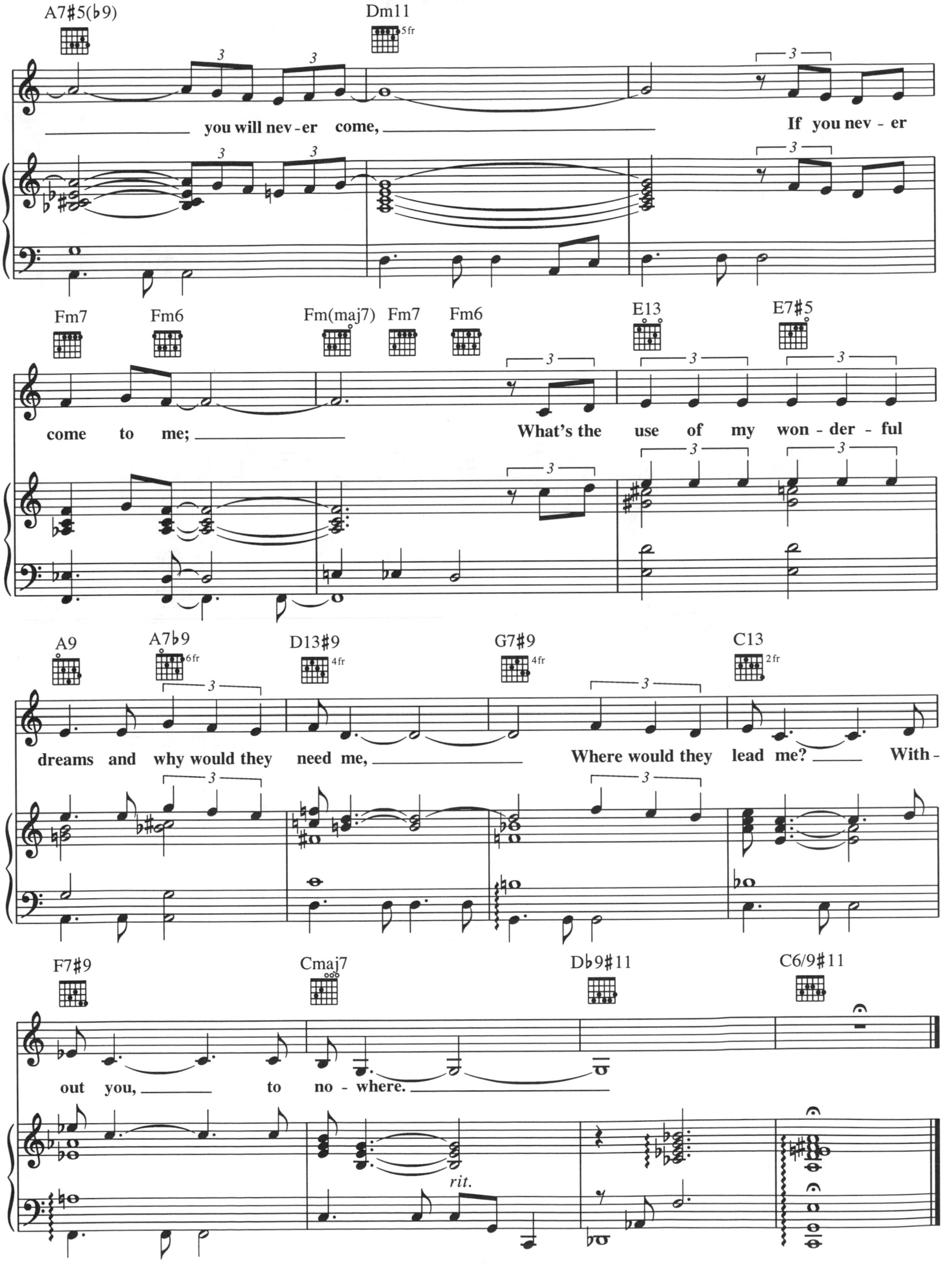
A7♯5(♭9)
Dm11
5fr
you will nev - er come,
If you nev - er
Fm7
Fm6
Fm(maj7)
Fm7
Fm6
E13
E7♯5
come to me;
What's the use of my won - der - ful
A9
A7♭9
6fr
D13♯9
4fr
G7♯9
4fr
C13
2fr
dreams and why would they need me,
Where would they lead me?
With -
F7♯9
Cmaj7
D♭9♯11
C6/9♯11
out you,
to no - where.
rit.

DINDI

Music by ANTONIO CARLOS JOBIM
Portuguese Lyrics by ALOYSIO de OLIVEIRA
English Lyrics by RAY GILBERT

Cmaj7 B♭maj7 Amaj7 F♯m7
stor-ies that no one be - lieves, stor-ies of love be - long to
as historias que são de nin - guem, mas que são minhas e de vo -
Gentle Bossa Nova
Bm7 E13♭9 Cmaj7 B♭maj7
you and me. Oh, Din - di, if I
ce tam - bem. Ah, Din - di se sou -
Cmaj7 Gm7 C7♭9 C9 Fmaj7
on - ly had words I would say all the beau - ti - ful things that I see
bes - ses o bem que te quero o mun - do se - ri - a Din - di
Fm Cmaj7 C6 Gm7
when you're with me. Oh, my Din - di.
lin - do Din - di tu - do Din - di.

Cmaj7
B♭maj7
Cmaj7
Oh, Din - di, like the song of the wind in the
Ah, Din - di se um dia vo - ce for em - bora
Gm7
3fr
C7♭9
C9
Fmaj7
Fm
trees, that's how my heart is sing - ing, Din - di hap - py Din - di,
nie la - va con - ti - go Din - di fi - ca, Din - di,
Cmaj7
C6
F♯m7♭5
4fr
B7♭9
Em9
when you're with me. I love you more each
Ol - ha Din - di. E as a - guas deste
Cm6
Em7
Cm6
Em7
A7♭9
6fr
day, yes, I do, yes, I do.
rio On - de vão, eu não sei,

Dm7 B♭m6 6fr Dm7 B♭m6 6fr
I'd let you go a - way if you take me with
A min - ha vi - da inteira, es - per - ei, es - per -
Dm7 G7♭9 4fr Cmaj7 B♭maj7
3
you. Don't you know, Din - di, I'd be
ei Por vo - ce Din - di Que é a
Cmaj7 Gm7 3fr C7♭9 C9 Fmaj7
3 3 3
run - ning and search - ing for you like a riv - er that can't find the sea,
coi - sa mais lin - da que e - xis - te vo - ce nao e - xiste Din - di
B♭9 Cmaj7 C6 Cmaj7
3
that would be me with - out you, my Din - di.
Dei - xa Din - di que eu te a - dore Din - di.

DON'T EVER GO AWAY
(POR CAUSA DE VOCE)

English lyric by RAY GILBERT
Original Text by DOLORES DURAN
Music by ANTONIO CARLOS JOBIM

Bossa Nova
B♭ B♭maj7 B♭7 E♭/B♭ E♭m6
mf
B♭maj7 B♭6 B♭maj7 B♭13 5fr Cm7/B♭
Ah! take a look and you'll see ___ the way I have be - come, And the way things be -
Ai, vo - cê es - tá ven - do só ___ do gei - to que eu fi - quei, E que tu - do fi -
Cdim/B♭ Cm7 3fr A♭m6 4fr Cm7 3fr F13
came. Sad - ness and sor - row are here in all lit - tle
cou U - ma tris - te - za tão grande Nas coi - sas mais

Dm7 Fm6 G7♭9 E♭maj7 E♭6
things you touched with your hands. This lov - ing home was a
simples que vo - cê to - cou A nos - sa ca - sa que -
Em7♭5 A7 Dm B♭m6 Dm7♭5 G7♭9
home, So hap - py to pro - tect you and keep you with care, The flow - ers in the
rida, Ja es - ta - va a cos - tu - ma - da guar - dan - do vo - cê As flo - res na ja -
Cm7 A♭m6 Cm7 F13 Dm
win - dow were smil - ing, were glow - ing, Just know - ing you were there.
ne - la so - ri - am can - ta - van Por cau - sa de vo - cê

Fm6 G7 Cm7 Am7♭5 F13 Dm
3fr
3 3
Lis-ten, my love, nev - er more, Don't ev - er go a - way,
O - lha, meu bem, nun - ca mais Nos dei - xa por fa - vor
Fm6 G7 Cm Cm7 F13
3fr 3fr
We are your life and your dream and we want you to
So - mas a vi - da e o so - hno nos so - mos o a -
Dm7♭5 G7♭5(♭9) G7♭9 E♭maj7 E♭6
4fr 4fr 3fr
stay.
mor.
Come in, my love, come to me,
En - tre, meu bem, por fa - vôr

Em7♭5 Edim7 E♭m6 B♭ D7 Dm7/G G7
Don't let this heart-less world bring an-oth-er "good-bye," Em-brace me in a
Não dei-xe o mun-do mau lhe le-var ou-tra vez me a-bra-ce sim-ples-
Cm7 3fr Cm7♭5 F13♭9 F7♭9 1 B♭6 B♭maj7
sim-ple way, don't speak, don't re-mem-ber, And dar-ling, don't cry.
men-te não fa-le não lem-bre, Não cho-re meu bem.
Cm7 3fr Cm7♭5 Adim7 2 B♭6 B♭maj9
cry.
bem.

A FELICIDADE

Words and Music by VINICIUS DE MORAES,
ANDRE SALVET and ANTONIO CARLOS JOBIM

Cm Fm Bbm7 Eb7 Eb7-5
val - ha nu - ma pe - ta la de flor.
ven - tu vae le - van - do pe - lo ar,
Ab G7 G+ Cm Dm7-5 G7
Bril - ha tran - qui - la de - pois de le - veos - cil - la. E
Vo - a tao le - ve mas tem a vi - da bre - ve. Pre -
To Coda
Cm Dm7-5 G7 G7+5 Cm Fm7 Bb7
cai co - mou - na la - gri - ma dea - mor.
ci - sa queha - ja ven - to sem pa -
Eb Ab7 Eb
A fe - li - ci - da - de do po - bre pa - re - ce.

Bbm7 Eb7 Bbm7 Eb7 Eb7+5 Ab
A gran - dei lu sao do car - na - val. A
Fm7 Bb7 Fm7 Bb7 Eb
gen - te - tra - bal - ha o a - ho en tei - ro. Por
Am7-5 D7 Am7-5 D7 Gm7-5 C7-9 Fm7-5 Bb7
un mo - men - to de - son - ho. Pra - fa - zer a fan - ta - si - a. De
Eb Dm7-5 G7 Cm
rei ou de pi - ra - taou - jar - di - nei - ra E tu - do sea - ca -

Dm7-5 G7 Cm
D.S. al Coda
bar na quar - ta fei - ra Tris -
Coda Cm
rar. Pre
Dm7-5 G7 G7+5 Cm
ci - sa - queha - ja ven - to sem pa - rar. Pre - ci - sa queha - ja
Dm7-5 G7 G7+5 Cm Ab7-5
ven - to sem pa rar. Tris - te - za nao tem
Cm Cm(+7) Cm7 Cm6 Cm Cm(+7) Cm7 Cm6 Cm
fim.
rit.
8va

THE GIRL FROM IPANEMA
(GARÔTA DE IPANEMA)

English Words by NORMAN GIMBEL
Original Words by VINICIUS DE MORAES
Music by ANTONIO CARLOS JOBIM

From: Douglas French <dfrench@site.gmu.edu>
Subject: girl_from_ipanema.crd

The Girl From Ipanema
(Garota De Ipanema)

Music by Antonio Carlos Jobim
Original words by Vinicius de Moraes
English Translation by Norman Gimbel

Bossa Nova in half-time (4/4 -> 2/4)
Key: F major

[Fmaj7] Tall and tan and young and lovely, the girl
[G7] from Ipanema goes walking, and when
[Gm7] she passes, each one [Gb7] she passes goes
[Fmaj7] a-a-h... [Gb9]

[Fmaj7] When she walks she's like a samba that
[G7] swings so cool and sways so gentle, that when
[Gm7] she passes, each one [Gb7] she passes goes
[Fmaj7] a-a-h... [Fmaj7]

[Gbmaj7] Oh, but I watch her so
[Cb9] saddly.
[F#m7] How can I tell her I
[D9] love her?
[Gm7] Yes, I would give my heart
[Eb9] gladdly. But each
[Am7] day when she walks to the [D7-9] sea, she
[Gm7] looks straight ahead not at [C7-9] me.

[Fmaj7] Tall and tan and young and lovely the girl
[G7] from Ipanema goes walking, and when
[Gm7] she passes I smile, [Gb7] but she doesn't
[Fmaj7] see. [Gb7] : first time through.

Repeat from beginning.

...[Fmaj7] see. [Gb7] She just doesn't : second time through.
[Fmaj7] see. [Gb7] No, she doesn't
[Fmaj7] see. [Gb7] [Fmaj7]

dfrench@site.gmu.edu

Garota de Ipanema

New English Performing Version

by P. van de Hart.

sun burnt girl on the beach needs a jar of Noxema
her skin so flaked like a case of eczeema
but when you see her you have to say— ahh...

even if she's a carrier of some treponema
i'd rather swim in her pharmacopœia
'n' dip my toe in the ocean so— ahh...

ahh...there is nothing like pussy—
ahh...even that you must pay for—
ahh...stick a tongue in her tushy—
you don't care what she's hiding in there—
as long as you're packing a spare—

sun burnt girl on the beach waiting for you to ream her
the girl they say comes from town Ipanema
'n' when you've pleased her you're sure to say— ahh...

G7
a sam - ba that swings so cool and sways so gen - tle, that when
Gm7
G♭7
Fmaj7
she pass - es, each one she
he pass - es, each girl he
pass - es goes "a-a-h!"
G♭maj7
3
3
Oh, but I watch
her
him
so
C♭9
F♯m9
sad - ly. How

D9
can I tell {her / him} I love {her? / him?}
Yes,
Gm7
Eb9
I would give my heart glad - ly,
Am7
D7b9
But each day when {she / he} walks to the sea, {she / he}
Gm7
C7b9
Fmaj7
looks straight a - head not at me.
Tall and tan and young

G7
and love - ly, the girl
hand - some, the boy
from I - pa - ne - ma goes walk - ing, and when
Gm7
G♭7
Fmaj7
she
he
pass - es I smile,
but
she
he
does - n't see.
1 G♭7
2 G♭7
Fmaj7
She
He
just does - n't see.
G♭7
Fmaj7
G♭7
Fmaj7
No,
she
he
does - n't see.
rit.

HOW INSENSITIVE
(INSENSATEZ)

Original Words by VINICIUS DE MORAES
English Words by NORMAN GIMBEL
Music by ANTONIO CARLOS JOBIM

B♭6
E♭maj7
How un-moved and cold
Vague and drawn and sad,
Em7♭5
A7
I must have seemed when he she told me so sin-cere-
I see it still, all his her heart-break in that last
Dm
F7/C
ly. Why,
look. How,

Bdim7
B♭maj7
— {he she} must _ have asked, — did I — just turn — and
— {he she} must _ have asked, — could I — just turn — and
Gm6
3 fr
Dm
Cm7
3 fr
stare in i - cy si - lence? — What —
stare in i - cy si - lence? — What —
F7
Bm7
2 fr
E7
— was I — to say? — What can — you say —
— was I — to do? — What can — one do —

Portuguese Lyrics

A insensatez
Que você fez
Coração mais sem cuidado
Fez chorar de dôr
O seu amôr
Um amôr tão delicado
Ah! Porque você
Foi fraco assim
Assim tão desalmado
Ah! Meu coração
Que nunca amou
Não merece ser amado
Vai meu coração
Ouve a razão
Usa só sinceridade
Quem semeia vento
Diz a razão
Colhe tempestade
Vai meu coração
Pede perdão
Perdão apaixonado
Vai porque
Quem não
Pede perdão
Não é nunca perdoado.

MEDITATION
(MEDITACÁO)

English Words by NORMAN GIMBEL
Original Words by NEWTON MENDONCA
Music by ANTONIO CARLOS JOBIM

Relaxed
mf
C
B7sus
B7
In my lone - li - ness When you're gone
Though you're far a - way I have on -
C
Em7
and I'm all by my - self and I need your ca - ress.
- ly to close my eyes and you are back to stay.
A7+5
Dm7
Fm7
I just think of you
I just close my eyes

Fm6
Em7
A7+5
and the thought of you hold - ing me near makes my lone -
and the sad - ness that miss - ing you brings soon is gone
Dm7
G7+5
Fmaj7
- li - ness soon dis - ap - pear
and this heart of mine sings
Yes,
Fm6
Em7
I love you so and that for me is all
Ebdim
Dm7
G7+5
C
I need to know
I

B7sus
B7
will wait for you 'til the sun
C
Em7
A7+5
falls from out of the sky for what else can I do?
Dm7
Fm7
Fm6
I will wait for you Me - di - ta -
Em7
A7+5
Dm7
G7-9
C
Bb9
Cmaj7
- ting how sweet life will be when you come back to me.

O GRANDE AMOR

Words and Music by ANTONIO CARLOS JOBIM
and VINICIUS DE MORAES

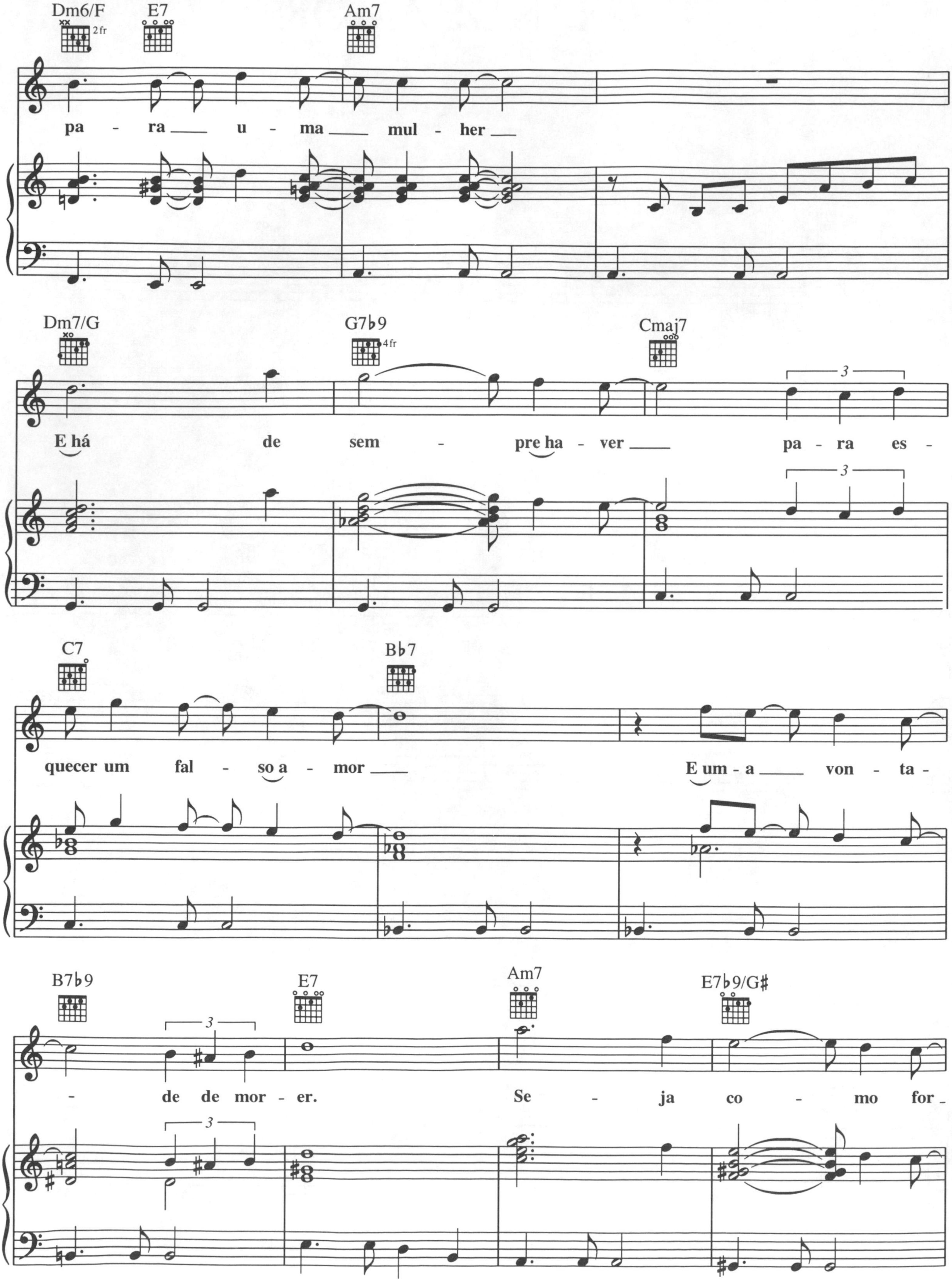
Dm6/F
E7
Am7
pa - ra u - ma mul - her
Dm7/G
G7♭9
Cmaj7
E há de sem - pre ha - ver pa - ra es -
C7
B♭7
quecer um fal - so a - mor E um - a von - ta -
B7♭9
E7
Am7
E7♭9/G♯
- de de mor - er. Se - ja co - mo for

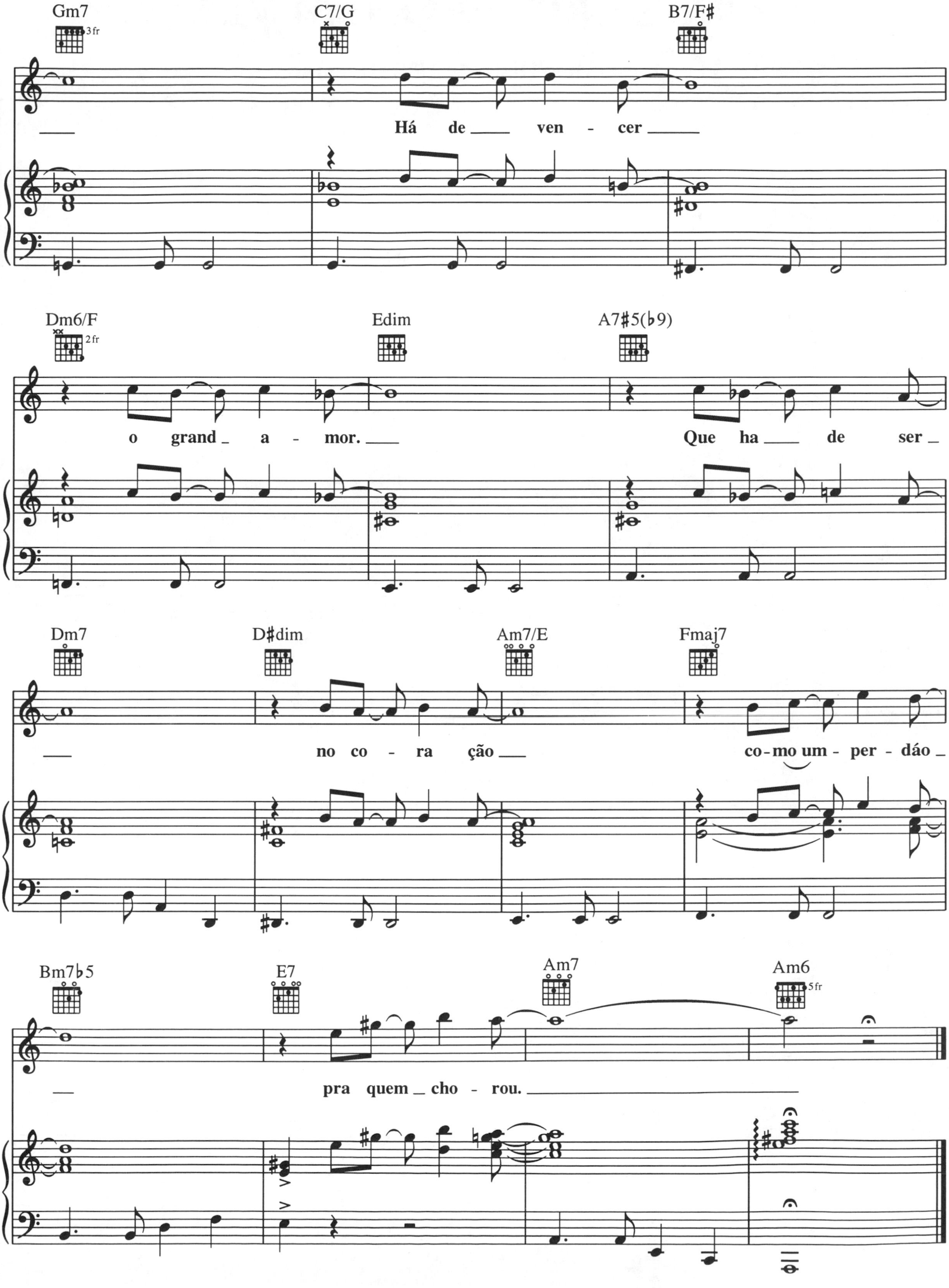
Gm7
3fr
C7/G
B7/F♯
Há de vencer
Dm6/F
2fr
Edim
A7♯5(♭9)
o grand a - mor.
Que ha de ser
Dm7
D♯dim
Am7/E
Fmaj7
no co - ra ção
co - mo um - per - dáo
Bm7♭5
E7
Am7
Am6
5fr
pra quem cho - rou.

O MORRO NAO TEM VEZ
(FAVELA)
(SOMEWHERE IN THE HILLS)

Words and Music by ANTONIO CARLOS JOBIM
and VINICIUS DE MORAES

Moderate Bossa Nova

A13
4fr
G13
2fr
A13♯9
4fr
já foi de - mais
a ba tu - car
A7♯5
Dm7
G13
2fr
Mas o - lhem bem vo - cês
O mor - ro não tem vez
C♯m7
4fr
C7
F6
E7
Quan - do de - rem vez ao mor - ro To - da a
Mas se de - rem vez ao mor - ro To - da a
Am7
Em7
To Coda
Am7
A7♯5
A7
cida - de vai can - tar
cida - de vai can - tar

Dm7
Am7
Mor - ro pe - de pas - sa - gem
Dm7
Am7
Mor - ro quer se mo - strar
Dm7
Am7
F7#9
E7#9
D7#9
A - bram a - las pro mor - ro Tam - bo - rim
D.S. al Coda
vai fa - lar É
CODA
Am7
Am9

ONCE I LOVED
(AMOR EM PAZ)
(LOVE IN PEACE)

Music by ANTONIO CARLOS JOBIM
Portuguese Lyrics by VINICIUS DE MORAES
English Lyrics by RAY GILBERT

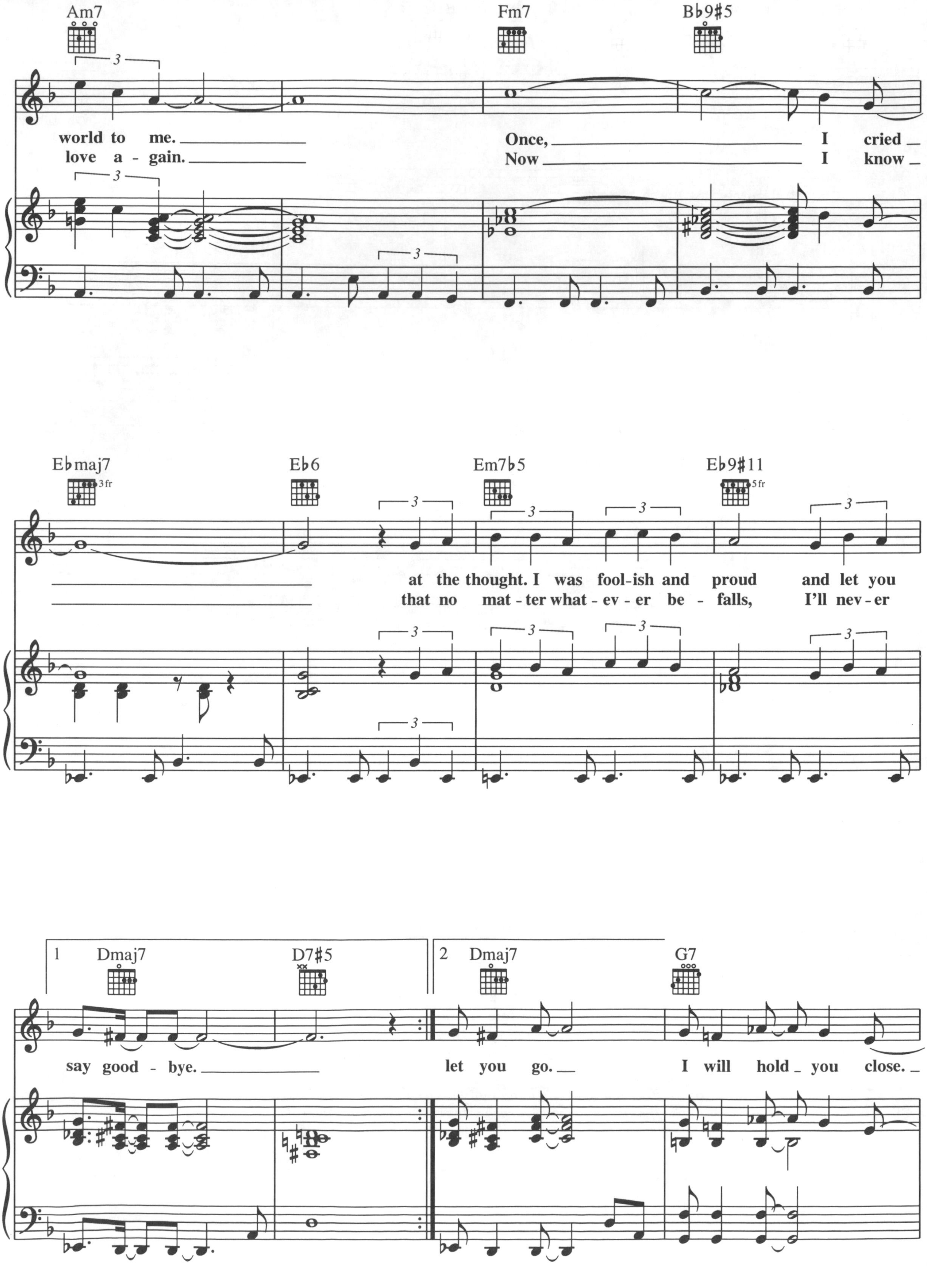
Am7
Fm7
B♭9♯5
world to me.
Once,
I cried
love a - gain.
Now
I know
E♭maj7
3fr
E♭6
Em7♭5
E♭9♯11
5fr
at the thought. I was fool-ish and proud and let you
that no mat - ter what - ev - er be - falls, I'll nev - er
1
Dmaj7
D7♯5
2
Dmaj7
G7
say good - bye.
let you go.
I will hold you close.

Portuguese Lyrics

Eu amei E amei muito mais Do que devia amar
E chorei ao sentir que eu iria sofrer e me deses perar

Fol, então que da minha infinita trizteza aconteceu você
Encontrei em você a razão de viver e de amar em paz

E não sofrer mais Nunca mais
Porque o amor é a coisa mais triste quando se destaz
O amor é a coisa mais triste quando se desfaz

ONE NOTE SAMBA
(SAMBA DE UMA NOTA SO)

Original Lyrics by NEWTON MENDONCA
English Lyrics by ANTONIO CARLOS JOBIM
Music by ANTONIO CARLOS JOBIM

Lightly, with movement

Ab7 Dm7 Db7 Cm7 B7-5
As I'm bound to be the un - a - void - a - ble con - se - quence of you.
Bb Ebm7 Ab7
There's so man - y peo - ple who can talk and talk and talk and just say
Db Ebm7 Dbmaj7 Db Dbm7
no - thing, or near - ly no - thing. I have used up all the scale I
Gb7 Bmaj7 B6 Ebm6 B7-5 Dm7
know and at the end I've come to no - thing, or near - ly no - thing. So I come back to my first

Db7
Cm7
B7-5
Dm7
note, as I must come back to you. I will pour in-to that one
Db7
Gbmaj7
F7-5
Fm7
note, all the love I feel for you. A-ny-one who wants the whole
E7-5
Ebmaj7
Ab7
Db
show Re, Mi, Fa, Sol, La, Ti, Do, He will find him-self with no
C7
Bmaj7
1
Bb6
F7+5
2
Bb6
show. Bet-ter play the note you know. This is
L.H.

TRISTE

By ANTONIO CARLOS JOBIM

Bm7 G#m7♭5 C#7 F#m#7 F#m7 A♭13#9 D♭maj7
Sad is to know_ that no_ one ev - er can live on a dream ___ that nev -
A♭13 D♭ G♭7 Bm7
- er can be,__ will nev - er be.__ Dream - er a - wake,_ wake_
E13 Amaj7 A6 Am9
___ up and see._ Your_ beau - ty is an aer - o - plane ___
Am6(add9) Amaj7 A6 Em7
___ so_ high, my heart can't bear_ the strain. ___

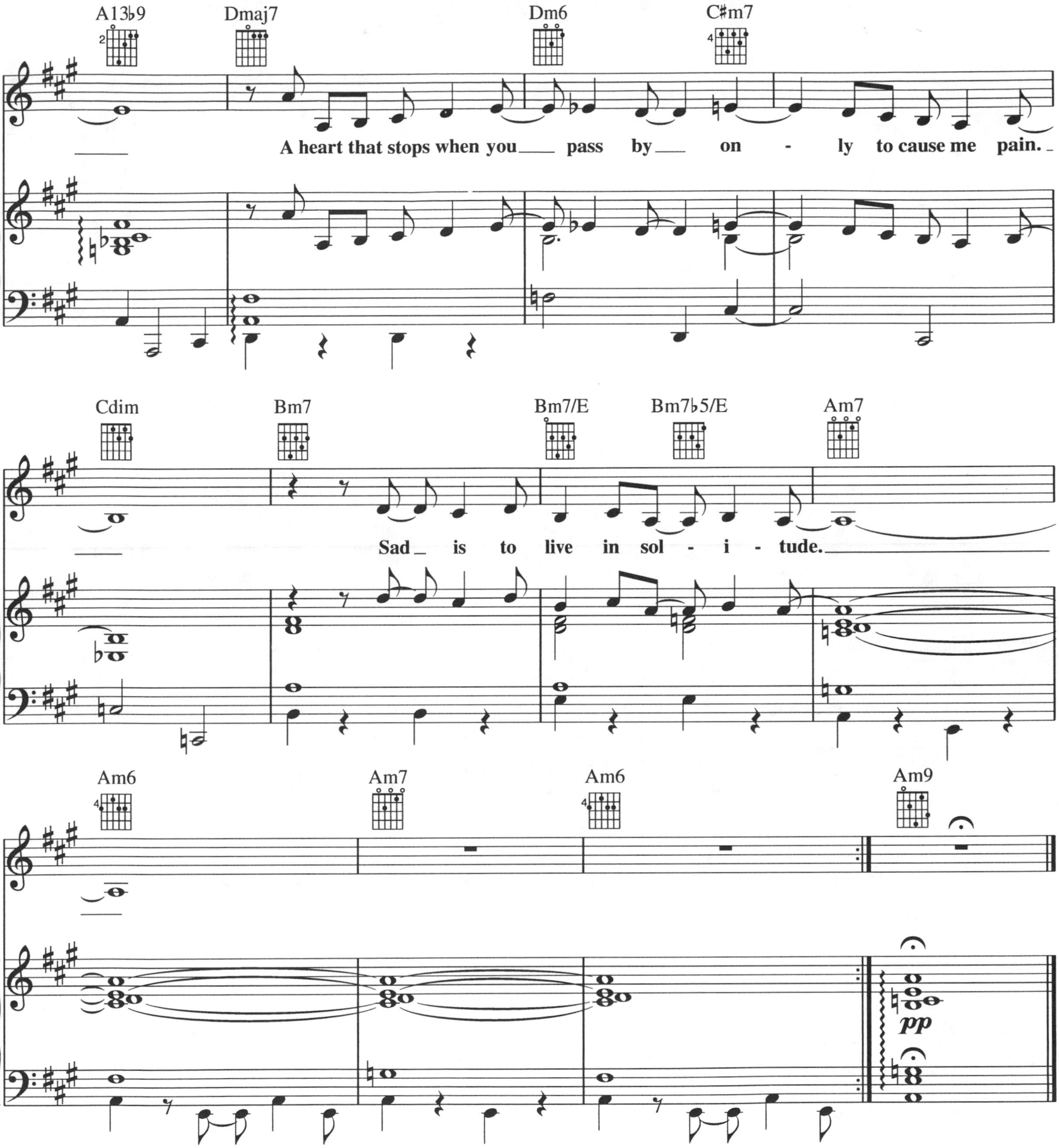
A13♭9
Dmaj7
Dm6
C♯m7
A heart that stops when you pass by only to cause me pain.
Cdim
Bm7
Bm7/E
Bm7♭5/E
Am7
Sad is to live in solitude.
Am6
Am7
Am6
Am9
pp

Portuguese Lyrics

Triste é viver a na solidão
Na dor cruel de uma paixão
Triste é saber que ninguem pade viver de ilusão
Que nunca vai ser, nunca dar
O sonhador tem que acordar.

Tua beleze é um auião
Demals pra um pobre coracao
Que para pra te ver passar
So pra se maltratar
Triste é viver na solidãd.

PASSARIM

Words and Music by
ANTONIO CARLOS JOBIM

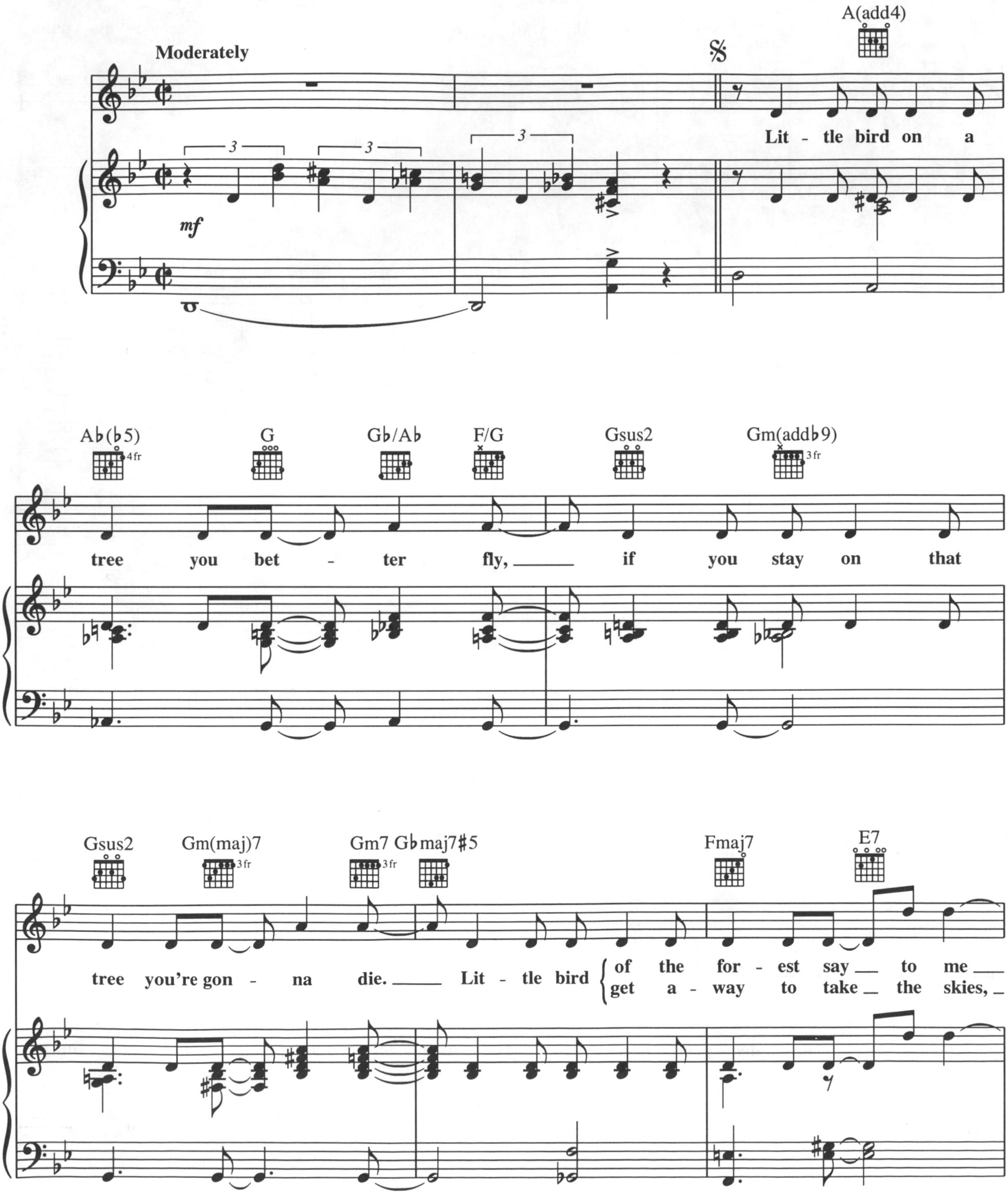

E♭maj7
3fr
Am7♭5/D
Why hap - pi - ness just can nev - er be. Who put the
Go find the love that nev - er dies. Where is my
D7
Gm7
3fr
Cm7
3fr
poi - son in the dart That burns my soul and kills my
love, my on - ly song, That used to laugh and sing a -
Gm7
3fr
Cm7
3fr
Gm7
3fr
heart, That made my whole life fall a - part? This pas - sion
long, That used to light up, cheer my life, that used to
Cm7
3fr
Gm7
3fr
Cm7
3fr
hurts and breaks my heart And haunts my dreams and breaks my
light up my poor heart, That used to light up all the
3

Gm7
C7♭9
Fmaj7
F6
heart. The for - est I love went up in flames And now the
dark - ness. Where is my path, was washed a - way. Where are my
Fm7
B♭13
E♭maj7
D7♭9
D7♯5(♭9)
fire has gone to rain, And now the rain has gone to stream.
tracks, e - rased by rain. Where is my house, the riv - er claimed?
Gm(maj7)
Gm7
Em7
A7
Dmaj7
Where is my love, my long lost dream? The
Where is my love, my sole re - frain? My
Em7
A13♭9
Dmaj7♯5
Dmaj7
Gm7
C7♭9
ash - es flew a - way And scat - tered far a - way.
love has gone a - way And flew, and flew a - stray.

Fmaj7
F7
B♭maj7
Gm7
3fr
To Coda
Dm
And where is my love, lit - tle bird did - n't say.
And where is my love that the wind took a -
E♭maj7
3fr
Em7♭5
A7♯5
Dmaj7
D.S. al Coda
Dm7
E
E♭
3fr
D
D♭/E♭
Am7/D
(Lit - tle bird on a tree you bet - ter fly.)

CODA
Dm
A(add4)
A♭(♭5)
G
G♭/A♭
F/G
Gsus2
Gm(add♭9)
way? Sud - den bird came to rest but high _ it flew. _ Sud - den bird fled the
Gsus2
Gm(maj7)
Gm7
G♭maj7(♯5)
Fmaj7
E7
shot and winged _ the blue. _ Sud - den bird of the for - est say _ to me _
E♭maj7
Am7♭5/D
_ Why hap - pi - ness just can nev - er be. ____ Go ask the
D7
Gm7
Cm7
Gm(maj)7
Gm7
Lord, heav-ens _ a - bove ____ What-ev - er hap - pened to my love? What-ev - er

Cm7
Gm7
Cm7
Gm7
3fr
hap-pened to my love? Go ask the sad - dest mourn-ing dove What-ev - er
3
Cm7
Gm7
Dm7
G7♭9
4fr
hap - pened to my love? The bright morn - ing light was burned by the day,
Cmaj7
Cm7
F13
B♭maj7
The day grew old, I've spent my day. The sun went
A13♭9
2fr
Dm(maj7)
5fr
Dm7
Bm7♭5
E7
down, and twi - light came And sud - den night was back a - gain.

Amaj7 Bm7 E7♭9 Amaj7♯5 Amaj7
The moon a - cross the sky Grew
Dm7 G7♭9 Cmaj7♯5 C7 Fmaj7 Dm7
dim and hid a - way, And it was so cold when the star brought the
Am E E♭ D D♭/E♭ Am7/D A(add4)
day. (Lit - tle bird of the sky you bet - ter fly) Lit - tle bird of the
A♭(♭5) G G♭/A♭ Dm7/G Em7/G F♯m7
sky you bet - ter fly, you fly, fly,

Portuguese Lyrics

Passarim quis pousar, não deu, voou
Porque o tiro partiu mas não pegou
Passarinho me conta então me diz
Por que que eu também não fui feliz

Me diz o que eu faço da paixão
Que me devora a coração Que me devora a coração
Que me maltrata o coração Que me maltrata o coração
E o mato que ébom, o fogo queimou
Cadê o fogo, a água apagou
E cadê a água, o boi bebeu
Cadê o amor, o gato comeu
E a cinza se espalhou e a chuva carregou
Cadê meu amor que o vento levou

Passarim quis pousar, não deu, voou
Porque o tiro feriu mas não matou
Passarinho me conta então me diz
Por que que eu também não fui feliz

Cadê meu amor minha canção
Que me alegrava o coração que me alegrava o coração
Que iluminava o coração que iluminava a escuridão
Cadê meu caminho a água levou
Cadê meu rastro, a chuva a pagou
E a minha casa, o rio carregou
E o meu amor me abandonou
Voou, voou, voou, Voou, voou, voou
E passou o tempo e o vento levou

Passarim quis pousar...

Cadê meu amor minha canção
Que me alegrava o coração, Que me alegrava o coraçao
Que iluminava o coração Que iluminava a escuridão
Cadê meu caminho a água levou
Cadê meu rastro, a chuva apagou
E a minha casa, o rio carregou
E a meu amor me aban donou
Voou, voou, voou, Voou, voou, voou
E passou o tempo e o vento levou

Passarim quis pousar...

Cadê meu amor minha canção
Que me alegrava o coração, Que me alegrava o coração
Que iluminava o coração, Que iluminava a escuridão
E a luz da manhã, o dia queimou
Cadê o dia, envelheceu
E a tarde caiu e o sol morreu
E de repente escureceu
E a lua então brilhou
Depois sumiu no breu
E ficou tão frio que amanheceu

Passarim quis pousar...

QUIET NIGHTS OF QUIET STARS
(CORCOVADO)

English Words by GENE LEES
Original Words and Music by ANTONIO CARLOS JOBIM

A♭dim7
Gm7
qui - et chords from my gui - tar
float - ing on the si -
G♭7
Fmaj7
F6
Fmaj7
Gm7
Am7
Fmaj7
- lence that sur - rounds us.
Fm7
Em7
Qui - et thoughts and qui - et dreams,
qui - et walks by qui -
A7♯5(♭9)
D9
Dm7
- et streams,
and a win - dow look - ing on the moun -

A♭dim7
D9/A
- tains and the sea. How love - ly! This is where I want
A♭dim7
to be. Here, with you so close to me, un - til
Gm7
G♭7
Fmaj7
F6
the fi - nal flick - er of life's em - ber.
Fmaj7
Gm7
Am7
Gm7
Fm7
Fm(maj7)
Fm6
I, who was lost and lone - ly,

Em7
Am7
Dm7
be - liev - ing life was on - ly a bit - ter, tra - gic
G7♭9
Em7
A7♯5(♭9)
joke, have found with you
Dm7
G9
G7♭9
1 C6
B♭9
the mean-ing of ex - ist - ence. Oh, my love.
A7♯5(♭9)
2 C6
B♭9
D♭7
C6/9
rit.

SLIGHTLY OUT OF TUNE
(DESAFINADO)

English Lyric by JON HENDRICKS and JESSIE CAVANAUGH
Original Text by NEWTON MENDONCA
Music by ANTONIO CARLOS JOBIM

G7-5 C13 2 Gm Bbm F
Seems to me you've changed the tune we used to sing.
Gm6 A Bbdim Bm7
Like the bos - sa no - va love should swing.
E7 A Bbdim
we used to har - mo - nize two souls in
Bm7 E7 A F#m7
per - fect time,
Now the song is dif - f'rent and the

Bm7
E7
C
words don't e - ven rhyme, 'Cause you for - got the
C#dim
Dm7
G7
Gm7
mel - o - dy our hearts would al - ways croon And so what good's a heart that's
F#dim
G7
C7
C7-5
F
Slight - ly Out Of Tune. Tune your heart to
G7-5
Gm7
mine the way it used to be, Join with me in

C7
Cm6
D7+5
D7
Gm7
har - mo - ny and sing a song of lov - ing. We're bound to get in
Bbm
Fmaj7
Dm7
G7
tune a - gain be - fore too long. There'll be no De - sa - fi - na - do
Eb9
When your heart be - longs to me com - plete - ly. Then you
G7
Gm7
F6
won't be Slight - ly Out Of Tune, You'll sing a - long with me.

SONG OF THE SABIÁ
(SABIÁ)

Arr. by Eumir Deodato

English Words by NORMAN GIMBEL
Music by ANTONIO CARLOS JOBIM
Original Portuguese Lyric by CHICO HOLLANDA

Fmaj7
Abdim
Gm7
C7(b9)
Fm
Cm/Eb
I'll go back, I will lie in the shad-ow of a palm
Dm7
G7(b9)
Cm
Abdim
Cm
that's no long-er there, and pick a flower
F7(b9)
Bbm7
F#m6
Bbm7
that does-n't grow, And may-be some-one's love
Ebsus4
C7/E
Fm
Fm/E
Abm/Eb
will speed the night, the lone-ly un-

Abm7(a5)/D
Db7
Am/C
Bsus4
B7
Gm6/Bb
want - ed night that may bring me to
Em7/A
Gm6/A
A9
F#m
Fdim
Orchestra
the new day.
Piano Solo
Em7
A7(b9)
D/F#
Fdim
Em7
F#7
Bm7
Bb aug5
A6
C/Ab
Gmaj7
F#m7
Em7
F#+7
Bm7
3

D7/A Ab dim Gdim Bm7 D7/A
Ab dim Gdim D6 9/A Fdim
I'll go back,
Em7 A7(b9) Dm(maj7) Dm7 Ab dim Gm7
I know now that I'll go back,
C7 Fmaj7 F9/C Bb maj7
They were not in vain, all the plans I made to de-

Gm7
Dm7
F7/C
B♭maj7
ceive my - self, All the roads I made just to
Gm7
Dm7
Gm7
Dm7
loose my - self all the love I made to for -
get my - self all mis - takes I made just to
Gm7
Dm(no3)
D6/9
find my - self.
B7sus4
tr

VIVO SONHANDO
(DREAMER)

Words and Music by
ANTONIO CARLOS JOBIM
English Lyrics by GENE LEES

Moderately
Gmaj7
E♭maj7/G
3fr
mf
Gmaj7
E♭maj7/G
3fr
Gmaj7
Why are my eyes al - ways full
So I go on ask - ing you,
E♭maj7/G
3fr
of this vi - sion of you?
may - be some - day you'll care.

Gmaj7
Bm7
Why do I dream sil - ly dreams _ that I fear _ won't come true?
I tell my sad lit - tle dreams _ to the soft _ eve - ning air.
E7♭9
Am7
1
Cm9
Cm6
I long to show you the stars
I am quite hope-less it seems,
Bm7
E7♯5(♭9)
Am7
caught in the dark of the sea.
I long to speak of my
D7♭9
Gmaj7
Gm7
love but you won't come to me.

Portuguese Lyrics

Vivo sonhando, Sonhando mil horas sem fim
Tempo em que vou perguntando Se gostas de mim
Tempo de falar em estrelas
Falar de um mar De um céu assim
Falar do bem que se tem mas você não vem
Não vem Você não vindo, Não vindo a vida tem fim
Gente que passa sorrindo zombando de mim
E eu a falar em estrelas, mar, amor, luar
Pobre de mim que só sei te a-mar

WAVE
(VOU TE CONTAR)

Words and Music by
ANTONIO CARLOS JOBIM

B9
B7♭9
Bm7/E
E7
The fun - da - men - tal lone - li - ness goes whenever
B♭9
A7
Dm7
G
Dm7
G
two can dream a dream to - geth - er.
You can't de -
Dmaj9
B♭dim
Am7
ny, don't try to fight the ris - ing sea,
D7♭9
Gmaj7
Gm6
don't fight the moon, the stars a - bove and don't fight me.

F#13
F#7#5
B9
B7♭9
Bm7/E
E7
The fun - da - men - tal lone - li - ness goes whenever
B♭9
A7
Dm7
G
Dm7
G
two can dream a dream to - geth - er.
Gm7
C9/B♭
Am7
When I saw you first the time was half past three.
Fm7/B♭
B♭9/A♭
When your eyes met mine, it was e -

Gm7
A7#5♭9
Dmaj9
ter - ni - ty. By now we know the
B♭dim
Am7
D7♭9
wave is on its way to be. Just catch the wave
Gmaj7
Gm6
F#13
F#7#5
don't be a - fraid of lov - ing me.
B9
B7♭9
Bm7/E
E7
The fun - da - men - tal lone - li - ness goes when - ev - er

B♭9
A7
Dm7
G
Dm7
G
two can dream a dream to - geth - er.
Dm7
G13
Dm7
G13
Dm7
G13
Dm7
G13
Dm7
G13
Dm7
G13
Dm7
G13
Dm7
G13
Dmaj9

ZINGARO
(RETRATO EM BRANCO E PRETO)
(a.k.a. PICTURE IN BLACK AND WHITE)

Words and Music by ANTONIO CARLOS JOBIM
and CHICO BUARQUE

Bossa Nova
Cm7
C#dim7
mf
Gm/D
E♭maj7
Cm7
E♭m9
D7
Gm
Gm
D/F#
Já con - heç o os pas - sos des - es - tra - da. Sei que
Lá vou eu, de no - va co - mo um to - lo. Pro - cur -

Fm6
não vai dar em na da. Seus seg -
ar a des - con so - lo. Que can -
E7
G/E♭
3fr
E♭6
re - dos sei de cor.
sel de con - he - cer.
Cm7
3fr
D7
B♭maj7
Sá con - heç o as ped - ras do cam - inho. E sei tam -
No - vos di - as tris - tes, noit - es cla - ras. Ver - sos
B♭6
A13♯9
4fr
A7♯9(♭13)
5fr
bém que al - i soz in - ho. Eu vou fic - ar tan - to pi - or.
car - tas, min - ha ca - ra. Ainda vol - to a ihe es - crev - er.

D7
Ab7#11
O ___ que é pos - so con - tra o en - can -
Pra ___ lhe diz - er que isso é ___ pec - a -
Gm
3 fr
D/F#
- to. ___ Des - se a mor que eu neg - o tan - to. ___ Ev - ïto
- do. Eu trag - o o peit - o tao ___ mar ca - do. ___ De lam -
Fm6
Fb7
tan - to. E que ___ no en tan - to. ___ Vol - ta sem-pre a en - feit - i - çar. _
bran - ças do ___ pas - sa - do. ___ E vo - cê sa - be a ca - zão. _
Ebmaj7
3 fr
Cm7
3 fr
Com seus ___ mes - mos
Vou col - e - cio

C♯dim7
Gm/D
E♭maj7
tris - tes vel - hos fa - tos. Que num ál - bum de ret - ra
nar mais um so - net - o ou tro re tra-to em bran - co e pre -
Cm7
E♭m9
D7
Gm
tos. Eu tei - mo em cul - e - cio - nar.
- to a mal - tra - tar meu co - ra - cão.
1
2
E♭m9
D7
Gm